我不怕，我有守護熊

文／珍·尤倫
Jane Yolen

圖／珍·克拉絲
Jen Corace

譯／羅吉希

獻給我那總是套著大熊、

天不怕地不怕的女兒海蒂，

謝謝妳對媽媽的照顧！—— 珍·尤倫

為史提夫·莫可而畫—— 珍·克拉絲

我不怕，我有守護熊
Bear Outside
Thinking 066

文｜珍·尤倫 Jane Yolen
圖｜珍·克拉絲 Jen Corace
譯｜羅吉希

字畝文化創意有限公司
社　　　長｜馮季眉
編輯總監｜周惠玲
責任編輯｜陳曉慈
編　　　輯｜戴鈺娟、徐子茹、許雅筑
美術設計｜盧美瑾工作室

讀書共和國出版集團
社　　　長｜郭重興
發行人兼出版總監｜曾大福
業務平臺總經理｜李雪麗　　業務平臺副總經理｜李復民
實體通路協理｜林詩富　　　網路暨海外通路協理｜張鑫峰　　特販通路協理｜陳綺瑩
印務經理｜黃禮賢　　印務主任｜李孟儒

發行｜遠足文化事業股份有限公司
地址｜231 新北市新店區民權路108-2號9樓
電話｜(02)2218-1417
傳真｜(02)8667-1065
電子信箱｜service@bookrep.com.tw
網址｜www.bookrep.com.tw

法律顧問｜華洋法律事務所　蘇文生律師
印 製｜凱林彩印股份有限公司

2021年5月　初版一刷
定　　　價｜ 350 元
書　　　號｜ XBTH0066
ISBN 978-986-5505-59-2

BEAR OUTSIDE
by JANE YOLEN, illustrated by JEN CORACE
Text copyright © 2021 by Jane Yolen
Illustrations copyright © 2021 by Jen Corace
This edition arranged with HOLIDAY HOUSE PUBLISHING, INC., New York.
through Big Apple Agency, Inc., Labuan, Malaysia.
Traditional Chinese edition copyright:
2021 WordField Publishing Ltd., a Division of WALKERS CULTURAL
ENTERPRISE LTD.
All rights reserved.

國家圖書館出版品預行編目(CIP)資料

我不怕，我有守護熊/珍·尤倫(Jane Yolen)文；珍·克拉
絲(Jen Corace)圖；羅吉希譯. -- 初版. -- 新北市 :字
畝文化出版 : 遠足文化事業股份有限公司發行, 2021.05
面； 公分. -- (Thinking ; 66)
譯自：Bear outside
ISBN 978-986-5505-59-2(精裝)

1.生活教育 2.學前教育 3.生命教育 4.繪本
528.33　　　　　　　　110003657

有的人心裡住著一隻獅子，
或是一頭老虎。

但，我不是。

我把我的守護熊穿在外面，
她就像一副盔甲，
把我從頭包到腳。

她保護我的安全，
讓咆哮的獅子和吼叫的老虎
沒辦法靠近我。

不管去哪裡，
我的守護熊都會守護我。

在教室……

在ㄗㄞˋ後ㄏㄡˋ院ㄩㄢˋ……

在超級市場……

在家裡。

騎腳踏車時由我負責。

看到交通號誌，
我一定留心停、看、聽。

她陪我
溜冰，

跟ㄍㄣ我ㄨㄛˇ一ㄧ起ㄑㄧˇ
玩ㄨㄢˊ彈ㄊㄢˊ跳ㄊㄧㄠˋ床ㄔㄨㄤˊ！

和<rt>ㄏㄢˊ</rt>我<rt>ㄨㄛˇ</rt>一<rt>ㄧˋ</rt>起<rt>ㄑㄧˇ</rt>送<rt>ㄙㄨㄥˋ</rt>禮<rt>ㄌㄧˇ</rt>物<rt>ㄨˋ</rt>和<rt>ㄏㄢˊ</rt>花<rt>ㄏㄨㄚ</rt>給<rt>ㄍㄟˇ</rt>鄰<rt>ㄌㄧㄣˊ</rt>居<rt>ㄐㄩ</rt>。

唯ㄨㄟˊ獨ㄉㄨˊ不ㄅㄨˋ能ㄋㄥˊ和ㄏㄜˊ我ㄨㄛˇ一ㄧ起ㄑㄧˇ學ㄒㄩㄝˊ游ㄧㄡˊ泳ㄩㄥˇ。
不ㄅㄨˋ然ㄖㄢˊ我ㄨㄛˇ們ㄇㄣˊ同ㄊㄨㄥˊ時ㄕˊ手ㄕㄡˇ忙ㄇㄤˊ腳ㄐㄧㄠˇ亂ㄌㄨㄢˋ，
那ㄋㄚˋ可ㄎㄜˇ太ㄊㄞˋ危ㄨㄟ險ㄒㄧㄢˇ啦ㄌㄚ！

我ㄨㄛˇ照ㄓㄠˋ顧ㄍㄨˋ大ㄉㄚˋ熊ㄒㄩㄥˊ，
大ㄉㄚˋ熊ㄒㄩㄥˊ照ㄓㄠˋ顧ㄍㄨˋ我ㄨㄛˇ。

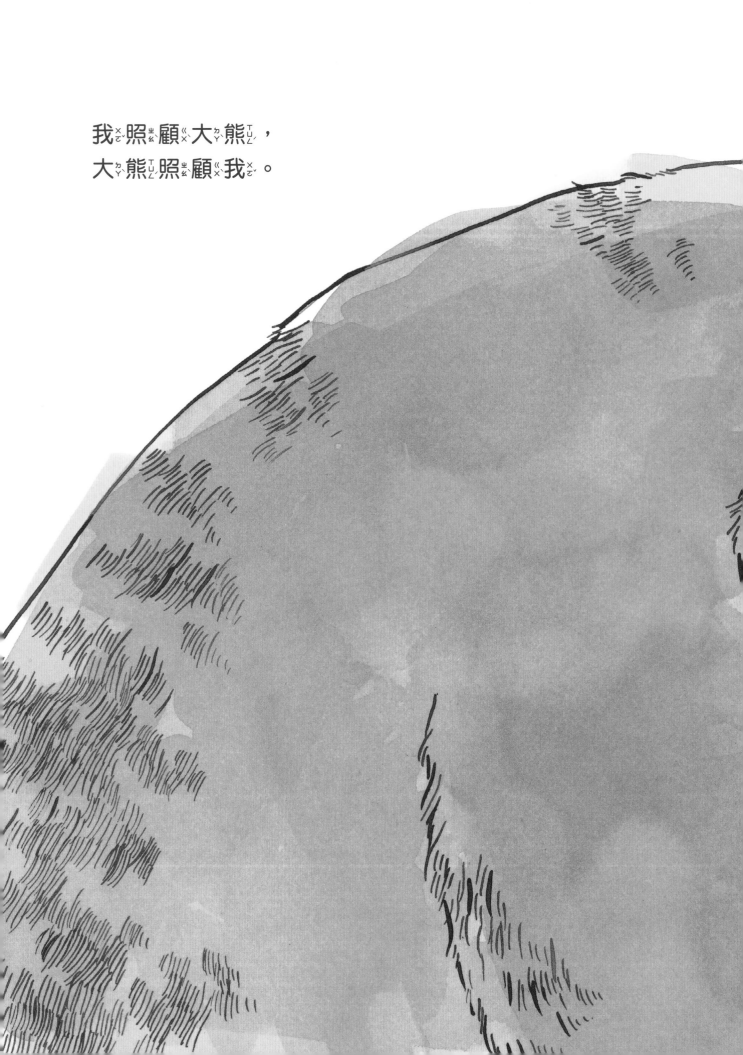

我們一起採世界上最甜的莓果，
也一起找那藏著蜂蜜的蜂窩，
然後吃個痛快。
莓果果汁都從
嘴巴流到下巴了。

我×們;一-點;也;不×怕;蜜;蜂;，
不×但;嗡×嗡×嗡×的;跟;牠;們;打;招;呼;，
還;在;大;樹;下;舒;服;的;睡;午×覺;呢;！

晚餐時候，
我和大熊一起分享。
我愛吃雞腿，
她愛蔬菜沙拉。

但是我們
偶爾也會意見不合。

像是做美術作業時，大熊想畫藍色，
但是我想塗紅色。

於是，我們乾脆直接塗成紫色。

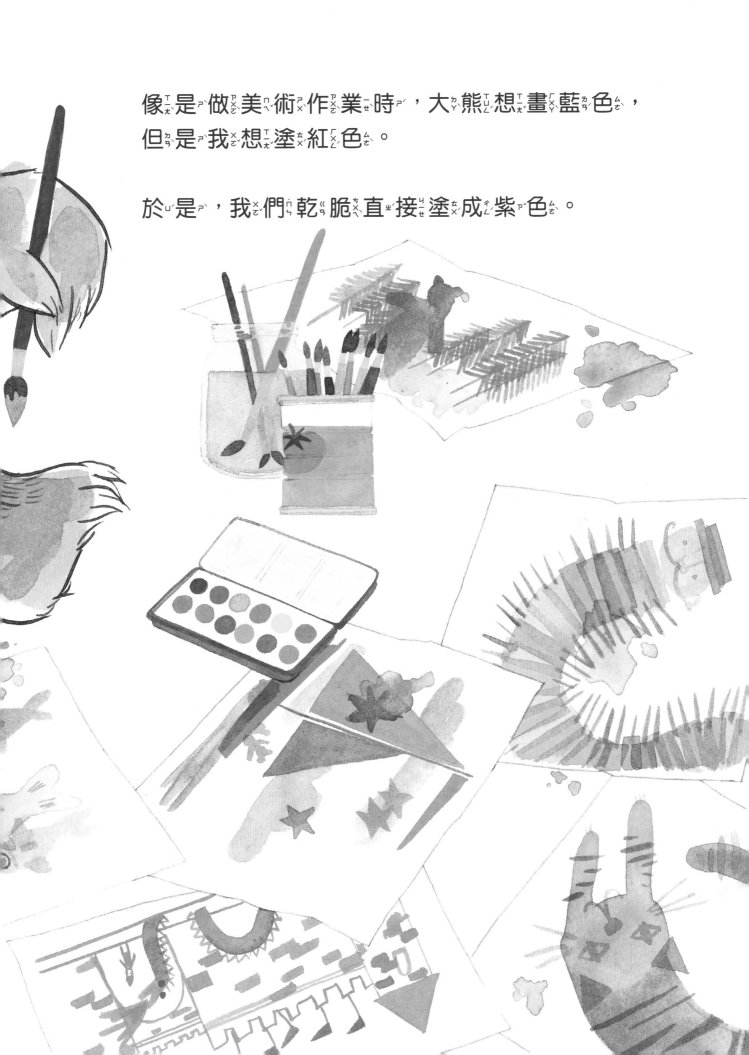

夜晚，我們鑽進被窩，乖乖
躺在床上。
大熊睡一邊，
我睡另一邊。

媽媽讀故事書給我們聽，
親親我們，
替我們把被子蓋好。

媽媽說：「女孩們，晚安。」

她留下亮著的小夜燈，
但可不是為了我。
我才不怕黑呢！
我喜歡房間暗暗的。

小夜燈的微光，是留給大熊的啊。